LETTRE
SUR
LE SPECTACLE
DU CHEVALIER
SERVANDONI,
A MADAME D. L. M.

LETTRE
SUR
LE SPECTACLE
DU CHEVALIER
SERVANDONI,
A MADAME D. L. M.

Vous voulez donc, Madame, que je vous dife mon fentiment fur *LA CONSTANCE COURONNÉE*, qu'on repréfente actuellement au Louvre : à la bonne heure. Mais

A ij

rendre mes réflexions publiques, oserai-je vous dire que c'est abuser un peu du pouvoir que vous avez sur moi depuis si long-tems. Mon imagination me sert quelquefois fort mal ; elle m'entraîne presque toujours au-delà de mon sujet. La vérité, cette vérité si séduisante, se présente alors à mes yeux ; je ne puis m'empêcher de la saisir, de la publier, & tout l'Univers me jette la pierre. Quoi qu'il en soit, j'en courrai les risques : vous l'avez exigé ; peut-on ne pas exécuter vos ordres, sur-tout lorsque vous les donnez vous-même?

La Forêt repréſentée dans la premiere Décoration, a ſans doute le mérite de la couleur, les arbres ſont touffus, le point de vûe eſt bien rempli, & les peintures du fond vous trompent parfaitement ſur l'étendue; mais il me ſemble qu'il regne de la monotonie dans la maniere dont les branches ſont entrelacées, elles ont l'air d'être taillées avec ſymétrie, & la Nature n'offre jamais des uniformités ſi frappantes. Pour la Scène, je ne la trouve point aſſez nombreuſe. Le Chef des Génies malfaiſans n'eſt accompagné que de ſix Magiciens subalternes, & cela ne suffit pas à la grandeur du lieu. Je ne voudrois pas cependant voir célébrer des mysteres par une foule de monde ; mais je crois que vingt Acteurs n'y seroient point déplacés.

L'Ours qui naît sous la baguette du Génie malfaisant, me paroît aussi ridicule que le seront toujours les monstres vûs de près sur nos Théâtres. On ne devroit hazarder ces sortes d'imitations que dans le lointain ; la ressemblance n'est jamais satisfaisante : & quoique M. de Servandoni nous assure dans son Programme, que cet animal sera furieux, vous avez trouvé, comme moi, qu'il avoit l'air auſſi *débonnaire* qu'un veau malade.

La Suite du Prince & de la Princeſſe, qui arrivent au rendez-vous de la chaſſe, eſt brillante & variée bien naturellement, & la fin de cet Acte ſeroit fort agréable, s'il ne falloit eſſuyer le combat des Piqueurs contre l'Ours. Ces Meſſieurs repréſentent à merveille l'acharnement qu'on doit avoir contre une bête féroce, & la frayeur qu'elle ne manque pas d'inſpirer de tems en tems; mais on ne ſçauroit ſe prêter à la triſte défenſe de cet animal : au lieu de ſe précipiter sur ses ennemis, il ne peut se mouvoir qu'autant qu'il lui en faut pour paroître rêver en se promenant au milieu d'une troupe de gens obstinés à le trouver indomptable.

Je pense comme vous, Madame, que le Chef des Génies malfaisans & la Princesse mettent beaucoup d'expression dans leurs Scènes ; le premier semble avoir étudié les beaux gestes de *Lanoue*; & l'Actrice du Louvre a certainement pris tous les coups de tête, le jeu muet, & la vérité de Mademoiselle *Hus*. Nous devons sçavoir quelque gré à ces Mimes d'avoir choisi des modéles sur le Théâtre François, leur genre n'est point si méprisable, & je connois un homme de Lettres qui ne dédaigne point de se mêler avec eux, & de se charger même des derniers rôles. Je vois bien que ceci est une énigme pour vous. Eh bien, Madame, un jeune Auteur connu par l'agrément & la joie qu'il répand dans toutes les sociétés, par un Opéra Comique charmant, dont le succès a été des plus heureux, & par quelques Comédies que l'on n'a point encore représentées : ce jeune Auteur a une passion effrénée pour jouer les monstres ; il assura d'abord

M. de Servandoni qu'il se sentoit capable de réussir dans le rôle à visage découvert; mais on trouva sa figure trop petite pour la Salle : il se détermina à se couvrir de la forme de l'Ours; & pour se dédommager de l'inaction de ce personnage, il paroît encore dans l'Acte de l'Enfer, sous la figure de cet effroyable Démon, dont la tête & la poitrine jettent des flammes.

La superbe décoration, Madame, que le Temple du génie bienfaisant au second Acte, que de noblesse, que de grandeur, que de simplicité dans l'architecture! La vûe de ce lieu sacré vous inspire un saint respect; les cérémonies religieuses s'y exécutent avec la plus grande pompe, & au nombre des Lévites près, que je trouve encore un peu borné, le Théâtre me paroît rempli. Vous avez bien raison de souhaiter qu'on jouât Athalie à la Comédie Françoise, dans un Temple pareil à celui-là. Cette réflexion viendra sans doute à tous ceux qui auront des vûes sur nos Spectacles aussi justes & aussi étendues que les vôtres. On ne sçauroit s'accoutumer à voir une décoration de Marionettes dans la plus belle Tragédie de la Nation, & sur le premier

Théâtre de l'Europe. Je ne prétends pas faire ici le procès aux Comédiens, il ne dépend point d'eux d'étaler plus de magnificence sur la Scène; les *Dumesnil*, les *Clairon* & notre seul Acteur tragique* voyent bien sans doute que la supériorité de leurs talens brilleroient dans un jour plus beau, si l'on ajoutoit à la Poësie tous les accessoires qui peuvent augmenter son illusion. En ne consultant que ces Maîtres de l'Art, nous verrions bientôt notre Théâtre François surpasser en méchanisme celui de Madrid, de Naples, &c. mais

---

* *M. le Kain.*

ils ne peuvent, comme vous & moi, que former des vœux impuiſſans.

La priſon du troiſieme Acte eſt une des choſes qui font le plus d'honneur au génie de M. de Servandoni; le mêlange des couleurs vous fait reſſentir ce friſſonnement que vous éprouvez toujours en entrant dans ces lieux terribles. Le Prince y eſt attaché à un poteau de fer, & environné du Génie malfaiſant & de quelques Magiciens. Voilà, par exemple, une ſituation qui exige peu d'Acteurs; & la Scène ſeroit beaucoup moins effrayante, ſi elle étoit occupée par un plus grand nombre de personnes. Je n'ai point été satisfait de la pluye de feu, elle ne me paroît point assez abondante, & il s'en faut bien, je crois, qu'elle puisse inspirer la terreur. L'arrivée de ce bon Génie qui vient délivrer le Prince est un coup de Théâtre qui ne vous est point inconnu; rappellez-vous, Madame, le jour où vous vintes m'arracher de chez M. de Ta.... qui me tenoit à table jusqu'à huit heures du soir dans la plus belle saison de l'année, pour s'enyvrer avec moi, & me faire écouter les exploits de chasse de sa très-grande & très-désagréable moitié. Que vous ressembliez à un Génie bienfaisant, & que le Magicien & sa Gorgone virent partir votre char avec un air désolé.

Je n'ose presque pas vous parler du IVe Acte, dont la décoration représente la mer & une petite flotte. Tant de gens l'ont trouvé beau, qu'il me faut toute mon intrépidité pour vous dire que cela m'a paru misérable. Rien d'illusoire, rien de naturel. Cette mer n'a ni horison, ni étendue. Les vaisseaux ne ressemblent à rien. M. *de Ser-*

vandoni a voulu faire échouer le vaisseau du Prince, afin que le Génie malfaisant s'emparât encore de ses ennemis. Il falloit donc le faire toucher sur une côte qu'on auroit découvert dans le lointain à la droite du Théâtre, & où l'on eût apperçu beaucoup de gens en mouvement, dont les uns auroient voulu se sauver, & les autres seroient descendus de leur bord pour tomber sur leurs adversaires. Alors le vaisseau du Prince auroit véritablement échoué, comme le promet M. de Servandoni dans sa Description, au lieu qu'il est englouti au milieu des flots; ce n'eſt pas que ce dernier expédient fût plus à rejetter que l'autre, mais il prête moins à la vraiſemblance. Souvenez-vous toujours que le Décorateur veut que le Génie malfaiſant faſſe périr le vaiſſeau du Prince, pour le retenir encore dans les fers avec ſon Amante. Ce méchaniſme eſt très-difficile à exécuter en pleine mer, puiſque ſans le ſecours du Livre, on ne devineroit pas que le Prince & la Princeſſe ſont faits priſonniers une troiſieme fois. On n'apperçoit aucune eſpece de mouvement dans les vaiſſeaux ; il faudroit cependant que le Génie malfaisant pût prendre ses ennemis sur leur bord pour les transporter sur le sien, tandis que leur bâtiment coule à fond. Voilà l'action promise, & ne vous semble-t-il pas qu'elle seroit plus aisée à exécuter sur une côte & dans l'éloignement. Au reste le jour ne charge point assez pendant la tempête, l'orage a presque l'air d'une bonace ; & je ne crains point de dire que ce petit Optique de la Foire qui représentoit la mer & des vaisseaux, étoit bien mieux rendu. On va me trouver fort extraordinaire de faire une pareille sortie. Mais j'ai vû toutes les choses dont je viens de parler exécutées d'après nature, sur le plus magnifique & le plus grand Théâtre de l'Europe, quant à la partie du méchanisme.

Pour le *séjour infernal* du cinquieme Acte, je crois que personne n'y trouvera rien d'admirable que la couleur. L'idée en est mince, & ne répond point à la grandeur du Sujet; les décorations de l'Opéra qui n'ont jamais trompé que des enfans, me paroissent de la même force; l'imagination y est resserrée, & se représente des lointains &

des percés qui manquent, & d'où l'illusion dépendoit absolument.

Le séjour du bonheur n'est pas plus satisfaisant. Je ne vois pas pourquoi M. de Servandoni cherche à diminuer la pompe en substituant des peintures à des personnages. Ce dernier coup de Théâtre exigeoit du mouvement dans les figures. Il s'agit de nous faire voir des Amans heureux qui jouissent auprès de leurs Maîtresses d'une félicité inaltérable : la décoration ne remplit point du tout l'idée du Machiniste. Le Prince & la Princesse devroient être conduits dans un séjour délicieux, où le Genie bienfaisant feroit célébrer leur constance par des fêtes charmantes. Rien n'annonce le plaisir, la volupté dans cette espece de Ciel. D'ailleurs à quel propos donner à cette décoration la forme de l'Olimpe? M. de Servandoni a-t-il voulu repréfenter la demeure des Immortels? On ne sçait à quoi s'en tenir. En vérité ce cinquieme Acte m'a paru d'une puérilité à laquelle je ne m'attendois pas.

Voilà, Madame, ce que je penfe fur le Spectacle des Tuileries, qui reffemble à tous égards au mauvais Poëme de *Zoroastre*. Mais auſſi il y a une différence bien conſidérable entre la Muſique de la Conſtance couronnée, & celle du grand Rameau. Le *Signor Sodi* n'a rien d'Italien que le nom, & cet Artiſte déſintéreſſé n'a ſûrement pas voulu partager l'attention du Spectateur entre M. de Servandoni & lui. Au reſte, je ne conçois pas comment on ſouffre qu'un homme faſſe exécuter pendant près de deux heures une Muſique ſi déſagréable, ſi monotone, ſi foible & ſi peu pittoreſque.

J'oubliois de vous dire que

la Pantomime de la Constance couronnée & de tous les Spectacles qu'on nous donne au Louvre, me paroît en général bien négligée. Il me vient à ce sujet une réflexion que je crois assez juste. Je voudrois que M. de Servandoni consultât l'Auteur du Fils Naturel ; quoique sa Piece soit monstrueuse, barbare & indécente, on ne sçauroit lui refuser un talent décidé pour les scènes muettes ; & s'il avoit voulu se borner dans sa Comédie, à ne rien dire, peut-être auroit-elle évité le fatal oubli auquel le

Public peu *Enciclopédiste* l'a condamnée en naissant.

Je suis, &c.

www.ingramcontent.com/pod-product-compliance
Lightning Source LLC
Chambersburg PA
CBHW070523050426
42451CB00013B/2826